RATUS POCHE

COLLECTION DIRIGÉE PAR JEANINE ET JEAN GUION

Les parapluies de Mamie Ratus

Les aventures de Mamie Ratus

- Le cadeau de Mamie Ratus
- Noël chez Mamie Ratus
- Les parapluies de Mamie Ratus
- La visite de Mamie Ratus
- Le secret de Mamie Ratus
- Les fantômes de Mamie Ratus

 ISSN 1259 4652, ISBN 2-218 74377-9

Les parapluies de Mamie Ratus

Une histoire de Jeanine et Jean Guion
illustrée par Olivier Vogel

HATIER

LES PERSONNAGES DE L'HISTOIRE

Ratus l'affreux rat vert

Mamie Ratus
la grand-mère

Marou et Mina qui aiment
rire et jouer

Belo le grand-père chat
Victor son vieil ami

Ce jour-là, Ratus est installé dans sa
chaise longue, à côté de son cactus. Les
yeux fermés, il boit du sirop en écoutant
Radio Ville-Ratus d'une oreille distraite. 1
Brutalement, la musique douce est
interrompue par les trompettes des 2
informations.
– Dernières nouvelles ! annonce un
journaliste. Un chauffeur de taxi vient
d'être assommé à coups de parapluie par
un inconnu, à la sortie de la gare. Deux
hommes voulaient s'interposer. Ils ont 3
aussi été frappés. Tous les trois ont été
transportés à l'hôpital.

Que dit Ratus à Marou et à Mina ?

La musique reprend. Ratus avale une gorgée de sirop. Soudain, les trompettes des mauvaises nouvelles le font à nouveau sursauter.

– Il se passe des événements graves à 4
Ville-Ratus.

Sans écouter davantage, le rat vert se lève d'un bond. Il prend son poste, grimpe sur son mur et il appelle Marou et Mina.

– Venez vite ! crie le rat vert. Il y a des extra-terrestres très méchants qui sont arrivés à Ville-Ratus.

Marou et Mina abandonnent leurs jeux et 5
s'approchent du mur pour écouter la
radio.

Où Marou, Mina et Ratus vont-ils se mettre à l'abri ?

Un journaliste explique :
– L'inconnu qui frappe les habitants de
Ville-Ratus se déplace en faisant des
moulinets avec un instrument qui 6
ressemble à un parapluie. C'est peut-être
une hélice ou un rayon laser tournant… 7
– Vous voyez, ce sont bien des extra-terrestres ! affirme le rat vert.
– Allons nous cacher ! dit Marou. Victor et Belo sont à la maison. Ils nous protégeront.
– J'y vais aussi ! dit Ratus en sautant de son mur et en courant plus vite que ses amis pour se mettre à l'abri.

Que voient nos amis à la télévision ?
7
8
9

A l'intérieur de la maison, tout le monde s'est assis devant le poste de télévision. Un journaliste interroge un homme qui a un pansement sur la tête.

– Vous êtes le directeur de la Banque Nationale des Rats. Que vous est-il arrivé ?

– J'ai été assommé par une personne
étrange qui m'a cassé un parapluie sur la 8
tête.

– Avez-vous eu le temps de dire quelque chose ?

– Même pas ! J'étais en train de dire à
ma secrétaire de jeter la vieille machine 9
à écrire à la poubelle...

Qu’est-ce que le chauffeur de taxi a vu ?

On voit maintenant un autre journaliste. Il questionne le chauffeur de taxi qui a été attaqué à la gare.

– Est-ce que c'étaient des extra-terrestres ? demande le journaliste.

– Non, non ! répond le blessé. C'était une dame. Elle m'a dit de l'emmener chez Monsieur Belo. C'est là qu'elle s'est mise à me frapper comme une furie avec un parapluie.

Sur l'écran, on voit apparaître des policiers. Ils entourent une vieille dame qui se défend et leur donne des coups de pied.

Qui voit-on à la télévision ?
13
14
15
16

Une caméra montre la vieille dame en
gros plan. 10

– Mais c'est ma grand-mère ! s'écrie Ratus.

Belo décroche le téléphone. Il appelle la police.

– Allô ! Passez-moi le commissaire qui
s'occupe des incidents de Ville-Ratus. Je 11
connais la dame que vous venez d'arrêter.

Comme le grand-père chat est gentil, il essaie d'excuser Mamie Ratus :

– Elle a dû rencontrer des gens méchants et se mettre un peu en colère, dit-il.

– Eh bien, si vous la voulez, je vous la donne ! dit le commissaire. Moi, je n'en veux plus.

Qu'est-ce qu'on a pris à Mamie Ratus ?

Dix minutes plus tard, une voiture de la police s'arrête devant le portail de Belo. Mamie Ratus en descend. Elle est encadrée par deux policiers.

– Ah ! Monsieur Belo ! Enfin ! dit Mamie Ratus. Et mon petit ratounet tout vert ! Me voilà revenue chez des gens normaux. C'est affreux : on m'a volé tous mes parapluies.

– Pourquoi avez-vous frappé le chauffeur de taxi ? demande Victor. Que vous avait-il fait ?

– C'est un mal élevé ! dit Mamie Ratus. Quand je lui ai dit de m'emmener chez Monsieur Belo, il m'a demandé où il habitait.

– C'est normal, fait remarquer Marou.

D'après Mamie Ratus,
le chauffeur de taxi
s'est moqué de Belo.
Qu'aurait-il dit ?

Mamie Ratus foudroie Marou du regard. 12
Si les policiers ne lui avaient pas
confisqué ses parapluies, elle lui en 13
aurait bien cassé un sur la tête.

– Comme je ne voulais pas lui donner l’adresse, il s’est mis à crier. Il m’a dit qu’il ne pouvait pas connaître tous les chats de Ville-Ratus. Il a même dit que son taxi n’allait pas sur les gouttières. Vous vous rendez compte, Monsieur Victor ? Traiter Monsieur Belo de chat de gouttière ! C’est comme s’il m'avait traitée de rate d’égout !

Le directeur de la banque a parlé d'une vieille machine.
Où est-elle ?
23
24
25
BANQUE
DIRECTION

– Et le directeur de la banque, que vous avait-il fait, lui ? poursuit le gros chien.

– Lui ? Comme je frappais à la porte de son bureau, il est sorti en disant qu'il fallait jeter la vieille machine à la poubelle. Et la vieille machine, c'était sûrement moi ! Vous vous rendez compte ?

– En plus, elle a assommé deux personnes quand elle est sortie du taxi ! fait remarquer un policier.

– Ils se sont rués sur moi. Ils voulaient 14
voler mon sac ! s'énerve Mamie Ratus. C'étaient des bandits. Ils méritaient des coups de parapluie.

Quel dessin correspond à l'histoire ?

Mais voilà la télévision qui arrive. Trois
caméras sont braquées sur Mamie Ratus. 15
Des journalistes lui tendent des micros et l'interrogent. Mamie Ratus est toute fière. Elle met un peu d'ordre dans sa coiffure et proclame :

– Il y a dans cette ville des gens mal élevés qui n'ont pas été polis avec moi. Je les ai corrigés. Ils ont eu ce qu'ils
méritaient. Il faut respecter les vieilles 16
dames !

Un journaliste s'inquiète :

– Mais vous auriez pu rencontrer un homme plus fort que vous et...

Quel sport pratique Mamie Ratus ?

Mamie Ratus ne le laisse pas finir.
– Ce n'est pas possible, explique-t-elle. Depuis que je suis à la retraite, je fais du karaté pour m'occuper. La semaine passée, j'ai réussi la dernière épreuve : couper une
meule de gruyère d'un seul coup avec la 17
main.

Les journalistes ont un sifflement admiratif. Dans les familles, on se regroupe devant le poste de télévision pour suivre les exploits de cette grand-mère peu ordinaire.

Quel est le secret de Mamie Ratus ?

Que fait Belo quand il entend le secret de Mamie Ratus ?

35 Il va s'habiller pour le mariage.

36 Il se sauve et court se cacher.

– Pourquoi êtes-vous venue à Ville-Ratus ? demande un journaliste.
– C'est un secret, répond Mamie Ratus, mais je vais vous le dire. Je suis venue pour épouser le plus gentil et le plus beau des chats : Monsieur Belo. Je vais vous le présenter.
Mais Belo a disparu. Victor explique :
– Il est parti en voyage...
– Quel dommage, dit Mamie Ratus en soupirant. Tant pis, je vais l'attendre !
– Il n'en est pas question ! dit sèchement 18
un policier.

37
Où s'était caché Belo ?
38
HAMEAU DU MOULIN
39
40

Et les policiers emmènent Mamie Ratus à la gare. De force, ils la mettent dans un train et lui rendent ses parapluies, même ceux qui sont cassés. Puis ils rentrent chez eux en poussant un gros soupir de
soulagement. 19

Maintenant, Victor court sur le chemin qui mène au moulin. Marou, Mina et Ratus le suivent.

Arrivé devant le moulin, Victor dit à mi-voix :

– C'est moi. Tu peux sortir, elle est partie.

– Tu en es bien sûr ? demande la voix de Belo.

Et le grand-père chat sort de sa cachette
en regardant autour de lui d'un œil inquiet. 20

Est-ce que Belo veut épouser Mamie Ratus ?

41 Oui.

42 Non.

Que veut faire Ratus quand il sera grand ?

43

44

45

Tous nos amis marchent sur le chemin
du retour. Ratus demande à Belo :
– Alors, tu ne veux pas te marier avec
ma grand-mère ?
– Non, dit Belo. Un chat ne peut pas
épouser une rate. C'est impossible.
– Et l'inverse, c'est possible ? continue 21
le rat vert.
– Pourquoi poses-tu cette question ?
demande le grand-père chat, intrigué. 22
– Parce que moi, répond Ratus en
rougissant, j'épouserais bien Mina quand
je serai grand.
Puis, après un instant de réflexion, Ratus 23
ajoute :
– A condition qu'elle ne fasse pas de
karaté et qu'elle n'ait pas de parapluies.

POUR T'AIDER À LIRE

1

d'une oreille **distraite**
Il n'écoute pas vraiment.

2

elle est **interrompue**
Elle est arrêtée.

3

s'interposer
C'est se mettre entre des personnes pour empêcher une dispute.

4

des **événements**
C'est ce qui arrive, ce qui se passe.

5

ils **abandonnent**
Quand on abandonne un jeu, on s'arrête de jouer.

6

des **moulinets**
Faire des **moulinets**, c'est faire tourner très vite, comme les ailes d'un moulin.

7

un **rayon laser**
C'est un rayon de lumière très fin et très puissant.

8

étrange
Bizarre, curieux, peu ordinaire.

9

la **secrétaire**
Une **secrétaire** est une personne qui a pour métier d'écrire le courrier, de répondre au téléphone.

10

en **gros plan**
Filmer en gros plan, c'est filmer de très près.

11

des **incidents**
Un **incident** est une petite difficulté.

12

elle le **foudroie** du regard
Elle le regarde en montrant qu'elle est très en colère.

13

confisquer
Prendre ce qui est à quelqu'un pour le punir.

14

ils se sont **rués**
Ils se sont mis à courir et se sont jetés sur Mamie Ratus.

15

braquées
Des caméras **braquées** sur quelqu'un, ce sont des caméras tournées vers quelqu'un pour le filmer.

16

respecter
On **respecte** : on admire, on obéit, on est poli.

17

une **meule** de gruyère

18

il dit **sèchement**
Il n'est pas content.

19

un **soupir de soulagement**
On pousse un **soupir de soulagement** quand on respire fort en soufflant de l'air avec sa bouche, parce que ça va mieux.

20

l'œil inquiet
A son regard, on voit qu'il a peur.

21

l'**inverse**
C'est le contraire.

22

intrigué
Il est curieux, il aimerait bien savoir.

23

un **instant de réflexion**
Il réfléchit pendant un moment très court.

Les aventures du rat vert

- 1 Le robot de Ratus
- 3 Les champignons de Ratus
- 6 Ratus raconte ses vacances
- 8 Ratus et la télévision
- 15 Ratus se déguise
- 19 Les mensonges de Ratus
- 21 Ratus écrit un livre
- 23 L'anniversaire de Ratus
- 26 Ratus à l'école du cirque
- 29 Ratus et le sapin-cactus
- 36 Ratus et le poisson-fou
- 40 Ratus et les puces savantes
- 46 Ratus en ballon
- 47 Ratus père Noël
- 1 Ratus chez le coiffeur
- 2 Ratus et les lapins
- 9 Ratus aux sports d'hiver
- 13 Ratus pique-nique
- 23 Ratus sur la route des vacances
- 27 La grosse bêtise de Ratus
- 38 Ratus chez les robots
- 41 Ratus à la ferme
- 46 Ratus champion de tennis
- 8 La classe de Ratus en voyage
- 12 Ratus en Afrique
- 16 Ratus et l'étrange maîtresse
- 26 Ratus à l'hôpital
- 29 Ratus et la petite princesse
- 31 Ratus et le sorcier
- 33 Ratus gardien de zoo
- 47 En vacances chez Ratus

Les aventures de Mamie Ratus

- 7 Le cadeau de Mamie Ratus
- 39 Noël chez Mamie Ratus
- 3 Les parapluies de Mamie Ratus
- 8 La visite de Mamie Ratus
- 31 Le secret de Mamie Ratus
- 5 Les fantômes de Mamie Ratus

Ralette, drôle de chipie

- 10 Ralette au feu d'artifice
- 11 Ralette fait des crêpes
- 13 Ralette fait du camping
- 18 Ralette fait du judo
- 22 La cachette de Ralette
- 24 Une surprise pour Ralette
- 28 Le poney de Ralette
- 38 Ralette, reine du carnaval
- 45 Ralette, la super-chipie !
- 4 Ralette n'a peur de rien
- 6 Mais où est Ralette ?
- 20 Ralette et les tableaux rigolos
- 44 Les amoureux de Ralette
- 48 L'idole de Ralette
- 11 Ralette au bord de la mer
- 34 Ralette et l'os de dinosaure

Collection Ratus Poche

Les histoires de toujours

- 27 Icare, l'homme-oiseau
- 32 Les aventures du chat botté
- 35 Les moutons de Panurge
- 37 Le malin petit tailleur
- 41 Histoires et proverbes d'animaux
- 49 Pégase, le cheval ailé
- 26 Le cheval de Troie
- 32 Arthur et l'enchanteur Merlin
- 36 Gargantua et les cloches de Notre-Dame
- 43 La légende des santons de Provence
- 49 Les malheurs du père Noël
- 52 À l'école de grand-père
- 21 L'extraordinaire voyage d'Ulysse
- 27 Robin des Bois, prince de la forêt
- 36 Les douze travaux d'Hercule
- 40 Les folles aventures de Don Quichotte
- 46 Les mille et une nuits de Shéhérazade

Super-Mamie et la forêt interdite

- 42 Super-Mamie et le dragon
- 43 Le Noël magique de Super-Mamie
- 44 Les farces magiques de Super-Mamie
- 48 Le drôle de cadeau de Super-Mamie
- 39 Super-Mamie, maîtresse magique
- 42 Au secours, Super-Mamie !
- 45 Super-Mamie et la machine à rétrécir
- 50 Super-Mamie, sirène magique
- 37 Le mariage de Super-Mamie
- 39 Super-Mamie s'en va-t-en guerre !

L'école de Mme Bégonia

- 11 Drôle de maîtresse
- 14 Au secours, le maître est fou !
- 16 Le tableau magique
- 25 Un voleur à l'école
- 33 Un chien à l'école
- 47 Bonjour, madame fantôme !

La classe de 6^{e}

- 14 La classe de 6e et les hommes préhistoriques
- 17 La classe de 6e tourne un film
- 24 La classe de 6e au Futuroscope
- 30 La classe de 6e découvre l'Europe
- 35 La classe de 6e et les extraterrestres
- 42 La classe de 6e et le monstre du Loch Ness
- 44 La classe de 6e au Puy du Fou
- 48 La classe de 6e contre les troisièmes

Collection Ratus Poche

Achille, le robot de l'espace

- 31 Les monstres de l'espace
- 33 Attaque dans l'espace
- 34 Les pirates de l'espace
- 19 Les pièges de la cité fantôme

Baptiste et Clara

- 30 Baptiste et le requin
- 35 Baptiste et Clara contre le vampire
- 37 Baptiste et Clara contre le fantôme
- 40 Clara et la robe de ses rêves
- 51 Clara et le secret de Noël
- 53 Les vacances de Clara
- 22 Baptiste et Clara contre l'homme masqué
- 32 Baptiste et le complot du cimetière
- 38 Clara superstar
- 41 Clara et le garçon du cirque
- 43 Clara, reine des fleurs
- 45 Clara et le cheval noir

Les enquêtes de Mistouflette

- 9 Mistouflette et le trésor du tilleul
- 30 Mistouflette sauve les poissons
- 34 Mistouflette et les chasseurs
- 5 Mistouflette et les tourterelles en danger
- 24 Mistouflette enquête au pays des oliviers
- 1 Mistouflette contre les voleurs de chiens
- 7 Mistouflette et la plante mystérieuse

Hors séries

- 2 Tico fait du vélo
- 4 Tico aime les flaques d'eau
- 12 Le bonhomme qui souffle le vent
- 25 Sino fête son anniversaire
- 7 Mon copain le monstre
- 19 Le petit dragon qui toussait
- 28 Nina et le vampire
- 2 Les malheurs d'un pâtissier
- 3 Karim et l'oiseau blanc
- 4 Timothée et le dragon chinois
- 6 Le facteur tête en l'air
- 9 Romain, graine de champion
- 10 Le trésor des trois marchands
- 15 Une nuit avec les dinosaures

Conception graphique couverture : Pouty Design
Conception graphique intérieur : Jean Yves Grall • mise en page : Atelier JMH

Imprimé en France par Pollina, 85400 Luçon - n° 40540
Dépôt légal n° 30598 - juillet 2006